NOTICE

SUR LA VIE

DE JOUBERT,

GÉNÉRAL EN CHEF DE L'ARMÉE D'ITALIE,

Lue dans la Séance du Lycée libre de Rouen,
le premier Brumaire an VIII :

Par Ph.-J.-E.-Vt. GUILBERT.

Lamenta ac lacrimas, citò : dolorem &
triſtitiam tardè ponunt. Fœminis lugere
honeſtum eſt : viris meminiſſe.

(TAC. *de Mor. Germ.*)

A ROUEN;

De l'Imprimerie de Vt. GUILBERT & HERMENT, rue
Nationale, n°. 29, emplacement des ci-devant Cordeliers.

AN VIIIe.

NOTICE
SUR LA VIE
DE JOUBERT,
GÉNÉRAL EN CHEF DE L'ARMÉE D'ITALIE.

Cᴵᵀᴼʸᴱᴺˢ,

Chacun de vous fait que les poifons peuvent, par une manipulation éclairée, devenir un médicament falutaire, & que le reptile le plus venimeux fournit quelquefois un remede infaillible à la morfure qu'il a faite. C'eft ainfi que dans l'ordre de la nature, le bien naît fouvent du mal même. Le nuage qui s'entr'ouvre pour vomir la foudre aux yeux des hommes effrayés, répand auffi fur les campagnes une pluie vivifiante qui raffraîchit les airs & ranime les moiffons. Quelle image plus jufte des effets de la guerre ! Cet art, cette fcience préferve & détruit. Souvent elle eft le principe des plus affreufes calamités ; & du fein de ces mêmes calamités, naiffent la paix & le bonheur.

Malheureux les Peuples dont le fol eft blanchi par les offemens des vaincus ; mais trois fois heureux ceux dont

A

la science des combats protege & assure la tranquillité !

Sans doute, au premier coup d'œil, l'art meurtrier des batailles ne peut gueres être loué par un philosophe ami de l'humanité. Mais puisque la guerre est devenue une calamité presque périodique parmi les Nations civilisées de l'Europe, qui pourroit cependant refuser son estime & son admiration aux grands capitaines qui n'ont approfondi cette science que pour défendre leur pays contre les entreprises de l'ambition & de la rivalité ?

Si, pour l'ordinaire, un foible mal-entendu dans les intérêts commerciaux ou diplomatiques suffit pour rallumer les feux de la discorde, n'est-il pas aussi des circonstances où un Peuple se leve tout-à-coup, court aux armes pour briser ses fers ou défendre ses droits ? Ainsi l'on vit les Grecs combattre pour leur liberté, & détruire, à Salamine, la flotte de Xercès, qui déjà, dans son orgueil, croyoit emmener les Athéniens enchaînés au fond de ses provinces ; ainsi les Athéniens triompherent, à Marathon & à Platée, des efforts menaçants du grand roi ; ainsi trois cents Spartiates firent plus aux Thermopiles, pour défendre l'indépendance des Républiques Grecques, qu'un million d'esclaves armés ne put faire pour l'ambition d'un despote.

. Et en effet, que ne peut pas la conception d'un seul homme né avec le génie de la guerre, perfectionné par la méditation ! Echauffés de l'esprit de la liberté, on vit des héros guider les enfants du grand Tell, au moment où ils se précipiterent des cîmes de Morgaten & du Sattel ; de même qu'on vit Guillaume conduire les

Bataves contre ce superbe duc d'Albe, dont ils confondirent l'insupportable orgueil.

Voit-on les Peuples, soit anciens, soit modernes, se porter à secouer le joug de leurs oppresseurs ; aussi-tôt des généraux sortent tout formés, pour ainsi dire, du rang des Plébéiens. Fiers de combattre pour la liberté, ils affrontent tout pour elle, & la victoire couronne leur généreux dévouement. En un mot, si Rome & la Grece ont eu leurs héros dans ce genre, la France républicaine peut aussi compter les siens.

A la vérité, ce dut être, & c'est encore un grand spectacle de voir des généraux sortis du rang obscur où ils auroient combattu dans l'oubli, si une révolution ne les eût mis à la place que la nature avoit marquée pour leurs talents ; ce dut être, & c'est encore, dis-je, un grand spectacle de voir ces hommes, jusqu'alors ignorés, défaire en rase campagne des généraux qui avoient rempli le monde de leurs exploits, & de leur imposante renommée.

Que de réputations colossales se font évanouies depuis sept ans que dure la guerre de la liberté ! Les noms brillants de Clairfait, de Mollendorf, de Wurmser, de Beaulieu, de Hotz, de Suwarow, du prince Charles lui-même, & de tant d'autres, ont éprouvé tour-à-tour une humiliante éclipse. Certes, le nombre prodigieux de guerriers invincibles, & de célebres capitaines, nés du régime de la liberté, ne sera pas, aux yeux de la postérité, un des points les moins étonnants de notre révolution. C'est ainsi qu'un arbuste, placé dans le sol qui lui convient, & dans une exposition propice, croît &

s'éleve dans les airs ; tandis qu'ailleurs , étouffé par les autres , il eût langui & végeté loin des rayons bienfaisants du soleil.

Ces confidérations préliminaires me ramenent tout natu-rellement au héros dont cette fociété a cru devoir hono-rer la mémoire d'une maniere fpéciale.

Joubert naquit à Pont-dé-Vaüx , dans le Département de l'Ain, d'une famille plébéienne (1). Son pere le deftinoit au barreau : en fils refpectueux , il condefcendit à fes vues. Joubert défendit même une cauie défefpérée (2) , devant le Parlement de Dijon , avec le plus honorable fuccès , fuc-cès qui ne doit aucunement étonner , puifqu'il n'eft point d'éloquence plus mâle & plus vraie que celle d'une ame libre & défintéreffée.

Mais entraîné par un goût naturel , il conjura fon pere de lui permettre d'embraffer la carriere des armes , & les inftances du jeune Joubert triompherent de la répu-gnance paternelle. Comme le pofte du péril étoit le feul qui lui convint , il fut fait grenadier.

Chacun de nous fe rappelle cette époque où la Nation entiere s'arma pour la liberté. La France alors n'offroit

______

(1) L'amour de l'égalité devoit être héréditaire dans la famille de Joubert ; car fon pere & fon aïeul avoient refufé des lettres de nobleffe.

(2) Une malheureufe femme , pauvre , avoit à lutter con-tre une famille puiffante & riche. Le procès étoit difficile & compliqué. Joubert embraffa la défenfe de cette infortunée , & après plufieurs mois d'un travail opiniâtre , il eut la douce fa-tisfaction de faire triompher une caufe défefpérée.

que l'image d'un camp. L'étincelle électrique se communique aussi-tôt au cœur de Joubert, & il fait serment d'être fidele à la cause du Peuple. Jamais serment ne fut plus religieusement observé.

A peine un bataillon est-il formé dans son Département, que Joubert se place sous les drapeaux de la Nation. Son ardeur & sa capacité déjà connue, le font nommer lieutenant. Un grade, quel qu'il pût être, devoit devenir pour lui un moyen d'avancement ; il le devint en effet. Chaque combat lui fournit une occasion de signaler sa bravoure. Peu de temps s'est écoulé, & déjà ses études militaires au milieu du tumulte des camps, son courage calme au milieu des hasards, ont fixé sur lui l'attention de ses chefs.

Le moment arrive bientôt où on lui confere un grade supérieur ; c'est le garant d'un autre. Plus il avance, & plus il se fait remarquer par une intelligence rare & une valeur qui s'éleve au-dessus des obstacles. Il étoit parvenu au-delà de sa trentieme année, quand il entra sous les drapeaux de la liberté. Quatre ans sont à peine révolus, qu'il est déjà mis au rang des guerriers sur lesquels la Patrie fonde de glorieuses espérances.

Le parti des armes qu'avoit embrassé Joubert, lui causa cependant quelques chagrins : quelle carriere n'a pas ses amertunes ! Après un grand nombre d'actions d'éclat, qui l'avoient porté au grade d'adjudant-général, il eut la douleur, en l'an III, de se voir oublié lors de la nouvelle organisation des armées républicaines.

Joubert, découragé, vouloit se retirer dans ses foyers ;

mais Schérer qui avoit fu apprécier fon courage & fes talents, le retint au milieu de fes freres d'armes. Schérer commandoit alors l'armée d'Italie: fans doute il eut lieu de s'applaudir d'avoir confervé un auffi vaillant appui ; car, le 2 Frimaire an VI, Joubert contribua tellement au gain de la bataille de Loano, qu'il fut fait général de brigade fur le champ de bataille. Voilà de quelle maniere il convenoit à ce jeune héros de fe venger d'un oubli qui fut d'abord fi fenfible à fon ame généreufe.

Mais il étoit réfervé à un autre guerrier que Schérer de dicter la paix au roi de Sardaigne, & d'ouvrir à l'armée d'Italie la route de l'Adige. Le gain de la bataille de Loano n'avoit valu à Schérer que l'occupation de quelques poftes avancés ; le gain de la premiere bataille fera, pour le *héros du fiecle*, un garant de la conquête de l'Italie, de la chûte de Mantoue, du paffage du Tagliamento, de la poffeffion du Tyrol & de la Carinthie, enfin, des prélimiaires de Léoben, tant il eft vrai que le plus grand des talents confifte à favoir profiter de la victoire.

Bonaparte arrive ; tout prend une face nouvelle. Une bouillante ardeur fuccede au découragement parmi les troupes. Cette armée qui nagueres luttoit à peine contre la mifere, la difette, & le manque abfolu des objets les plus néceffaires à la vie, eft deftinée à exécuter les plus grandes chofes. Sa courfe brillante ne fera déformais qu'une continuité de triomphes, & Joubert aura fa part de tant de gloire & de tant de renommée.

La premiere occafion que lui préfenta la fortune pour fe fignaler, il la faifit, & on le vit, lui feptieme, s'élancer dans les retranchemens ennemis à la bataille de Milléfimo. Tant d'intrépidité fixa la victoire.

Vous le peindrai - je emportant le camp retranché de Céva, & la place elle-même ? Vous le peindrai-je ailleurs forçant le château de Cocheria (ou Coffaria), franchiffant à cette époque un mur de douze pieds de hauteur, & triomphant feul de fix huffards par lefquels il fe voit attaqué ? Vous retracerai-je une autre occafion, non moins périlleufe, où il fallut enlever à la bayonnette les retranchements des Autrichiens, entre la tête du lac de Garda & l'Adige ? Le fuivrai-je dans la pofition de Belone (1), dont il fe rend maître en un inftant ? Vous le montrerai-je, le 24 Nivôfe an IV, changeant tout-à-coup, par fuite d'un jugement auffi fain que rapide, l'ordre de bataille établi par Bonaparte lui-même ? Attaqué avec violence par des forces fupérieures, Joubert fe met foudain fur la défenfive, prend une pofition avantageufe en avant de Rivoli, arrête les Impériaux, & donne le temps au général en chef de lui envoyer des renforts.

Les renforts arrivent, en effet, dans la nuit; & le 25 Joubert attaque à fon tour. Attaquer, c'étoit vaincre. Auffi reprit-il, fans coup férir, le plateau de Rivoli, & culbuta-t-il les Autrichiens vers l'Adige. Les hauteurs de

---

(1) Ce fut après cette action que Joubert fut proclamé, fur le champ de bataille, par Bonaparte : *Grenadier par le courage; Officier diftingué par les talents.* Le jugement porté par Bonaparte étoit celui d'un homme de génie : ce fut celui de toute l'armée; ce fera celui de la poftérité.

la Corona , fur lefquelles l'ennemi avoit précipitamment exécuté fa retraite , furent emportées , la nuit fuivante , par ordre de Joubert , & fix mille impériaux furent faits pri-fonniers. Enfin , après huit jours de combat , la valeur décida la fortune en faveur des armes françaifes : la ba-taille de Rivoli mit le comble à nos triomphes.

Qu'il me foit permis, citoyens collegues , de rapporter un paffage du *Mercure de France* , touchant les opérations militaires dont il me refte à vous entretenir.

» C'eft fur-tout , dit l'Auteur de la Notice , dans la belle
» campagne du Tyrol , que Joubert développa les plus grands
» talents. Enfoncé avec fa divifion dans ce pays montueux &
» difficile , ifolé du refte de l'armée , entouré d'un peuple
» aguerri , toutes les chances étoient contre lui. Sa prudence ,
» fon habileté le fauverent. Il étudia les mœurs , les habi-
» tudes des habitans , il ménagea leurs préjugés. Il recon-
» nut que les miniftres de la religion avoient une grande
» influence fur les efprits ; il eut l'art d'en engager plufieurs
» à éclairer leurs concitoyens, à prêcher la paix, la fraternité.
» Bientôt on ceffa de harceler les français , on leur donna
» même des fecours. Joubert réuffit dans fes opérations mili-
» taires ; le Tyrol fut forcé en préfence de l'ennemi , & il
» opéra fa jonction avec l'armée, qui pleuroit déjà fa perte. «

On ne fauroit , à mon fens , prononcer d'une maniere plus judicieufe fur la conduite favante du général Joubert, dans la campagne du Tyrol. Il pénétroit en vainqueur, dans Rovérédo , au commencement de Pluviôfe ; il forçoit, à cette époque, le camp retranché de Mori , ainfi que le pofte de Calliano ; & le 10 Germinal , Joubert faifoit fa jonction avec la divifion de Maffena dans Clagenfurt.

Ce héros, après avoir battu Laudohn à Brixen ; après être entré en vainqueur dans cette ville , où des provisions immenses devinrent le prix de ses triomphes , se rendoit maître des gorges du Tyrol , en traversant le mont Toblach , encore couvert de neiges.

Voilà de quelle maniere Joubert parvint au bord de la Drave , vers sa source. Combien durent être étonnés les habitans de Lientz , ville bâtie au confluent de la Drave & de l'Isola , quand ils virent dans leurs murs une division de l'armée Française , eux qui se croyoient autant à l'abri d'une invasion étrangere , par l'habileté du Prince Charles , que par les difficultés que présentoit par-tout la nature , avant qu'on pût arriver jusqu'à eux !

J'ai dit que Joubert effectua sa jonction avec Massena dans Clargenfurt. Ce fut momentanément le terme de ses succès militaires ; car le traité de Léoben parut devoir mêler l'olivier pacifique aux glorieux lauriers cueillis par les armées républicaines.

Le Directoire , qui connoissoit les talents de Joubert , ne crut cependant pas devoir les laisser oisifs. Ce général fut envoyé chez les Bataves , dans des circonstances difficiles. Jamais on ne tint une conduite plus sage & plus circonspecte , au milieu du froissement des passions diverses qui agitoient alors les membres du gouvernement Batave.

Joubert ne fut rappellé du sein de cette République alliée , que pour prendre en chef le commandement de l'armée d'Italie. A peine arrivé , son premier soin fut de manifester un respect religieux pour l'indépendance des Cisalpins , en refusant de concourir au renversement de leur

Conftitution (1). Sa deftinée l'appelloit à un emploi plus digne de fa vaillance, celui de renverfer, à l'improvifte, le roi Sarde du haut de fon trône, & de rompre ainfi, d'un feul coup, les intelligences criminelles qui exiftoient entre les cours de Turin, de Florence, de Naples & de Vienne. Au moment où le roi Ferdinand marchoit fur Rome, où Mack préfidoit à fes confeils, où ce même Ferdinand comptoit fur la diverfion que le roi de Sardaigne devoit faire en faveur de fes entreprifes, Joubert rayoit Charles-Emmanuel du nombre des puiffances. Le monarque Sarde & fa famille tomboient dans les mains d'un vainqueur dont la modération & le défintéreffement relevoient encore le triomphe (2).

Certes, la conquête du Piémont fut à la fois un grand coup d'état & un de ces exploits guerriers qui font le plus grand honneur au génie qui les conçoit, vu la maniere

---

(1) Joubert (a dit Garat dans fon difcours prononcé au Champ de Mars) ne fe borna pas au refus d'opérer des changements dans les Autorités Cifalpines; » il préfenta au Directoire » des vues dont la fageffe auroit fauvé l'Italie; il lui propofa de » prévenir des puiffances, par qui notre confiance étoit trahie, » d'appeller toute l'Italie à une république, une & indivifible, » par une révolution qui réuniroit toutes fes forces à celles de » la France pour défendre & pour créer la liberté de l'Europe, » & aller de-là, par un petit nombre de victoires très-faciles, » donner la main à Bonaparte fur le Bofphore. L'Italie, qui foup- » çonnoit & même qui connoiffoit fes vues, treffailloit de joie. » On les rejette. «

(2) Le Roi de Sardaigne, fenfible aux procédés du vainqueur, voulut en témoigner fa reconnoiffance à Joubert, par des préfents. Joubert lui dit, avec une dignité touchante : » Vous ne devez » pas me les offrir; je ne dois pas les accepter. «

auſſi ſûre que hardie avec laquelle l'entrepriſe fut conduite & conſommée.

Mais à cette époque même où Joubert ſe couvroit d'une gloire nouvelle, » les abus les plus criants dévo- » roient l'Italie & ſon armée (j'emprunte ici les expreſ- » ſions du Mercure de France) ; ſa probité auſtere s'en in- » digne, il veut les réformer. En vain en auroit-il conçu » le louable deſſein ; celui qui avoit vaincu les Autri- » chiens, ne ſauroit vaincre les déprédateurs. Joubert s'en » plaint à l'ancien Directoire ; il n'obtient aucune ſatis- » faction. Dans l'impoſſibilité où il eſt de faire le bien, » il donne ſa démiſſion ; on la refuſe : il inſiſte ; on l'ac- » cepte, & il ſe retire dans ſes foyers, ſuivi des regrets de » l'armée & de l'eſtime générale de ſes concitoyens. «

Vertueux Joubert, fuis cette Italie pleine de ta renom- mée ; fuis ce théâtre où Bonaparte & ſes compagnons d'armes accomplirent de ſi grandes choſes ; fuis ces con- trées, ſi long-temps floriſſantes à l'ombre des armes fran- çaiſes ; elles vont devenir des champs d'opprobre & de deſtruction !

L'Italie conquiſe va dévorer ſes conquérans, & il ne reſtera bientôt plus que le ſouvenir amer des plus beaux triomphes. Ah ! puiſſe le bruit ſiniſtre de nos revers ne point arriver juſqu'à toi dans le fond de ta retraite ! Que dis-je ? Nos déſaſtres retentiront à ton oreille, & tant de malheurs prévus ne feront qu'irriter en toi la ſoif de venger ton pays. Ta deviſe eſt digne des plus beaux temps de l'antique Chevalerie ; les mots en ſont ſacrés : c'eſt la *Patrie & l'Amour.*

L'inſtant eſt venu de mettre un terme aux ſuccès de

Suwarow & de ſes fiers auxiliaires. Pars, brave Joubert ; cours laver, dans le ſang des Auſtro-Ruſſes , la honte de nos défaites ! Comment ta modeſtie pourroit-elle réſiſter au vœu du Directoire régénéré , à celui de l'Armée & de la Nation ; au deſir des Peuples de l'Italie , qui t'appellent à grands cris , comme leur futur libérateur ? C'en eſt fait : un accord auſſi général , joint à la paſſion de la gloire dont Joubert eſt dévoré , l'emporte ſur les plus tendres affections.

Un hymen à peine contracté , ſe préſente inutilement , accompagné de tous ſes charmes , pour le retenir dans ſes doux liens. La patrie l'appelle ; tout cede à ſa voix puiſſante. Satisfait d'emporter ſur ſon cœur une image chérie , il ne ſait que dire ces mots : *Je vaincrai ou je mourrai.*

Joubert arrive enfin au camp de Cornigliano , & d'un coup d'œil il a jugé la déplorable ſituation de nos troupes , exténuées de beſoins. Quel ſpectacle affreux pour ſon ame ſenſible & magnanime ! Combien il eſt douloureuſement affecté , en voyant tant de braves ſe conſumer dans la miſere & le dénuement ! Joubert a la confiance de l'Armée ; il lui tarde d'en profiter , pour lui procurer , par le fer , les ſubſiſtances dont elle manque. Plutôt que d'attendre un ennemi qui doit être inceſſamment renforcé par la diviſion employée nagueres au ſiége de Mantoue , il a réſolu de le prévenir & de l'attaquer.

Joubert croit prévenir Suwarow ; il eſt prévenu lui-même. La jonction dont il vouloit empêcher l'effet , avoit eu lieu la veille du jour marqué pour la bataille de Novi. Fiers de leurs avantages & de leur ſupériorité , les Auſtro-Ruſſes commencent la charge.

Les Français reçoivent l'attaque avec une valeur digne de leur réputation. Tout promet d'abord le plus glorieux triomphe à l'armée républicaine. Sans doute il étoit permis de se flatter du succès, alors que nos troupes étoient conduites par deux Généraux aussi courageux qu'expérimentés.

Malheureusement l'ennemi parvient à jetter quelque désordre dans notre aîle gauche. Joubert, qui brûle de payer de sa personne, sent à l'heure même la nécessité de rétablir l'ordre de bataille. Hélas ! trop d'ardeur l'emporte, & il ne trouve que la mort à l'instant où il se précipite sous le feu le plus vif pour forcer la victoire. C'en est fait ; le plomb fatal l'a frappé.

Déjà les ombres de la mort sont répandues sur son front ; il ne lui reste plus qu'un souffle de vie ; mais ce souffle est tout entier pour son pays. Insensible au coup mortel dont il est atteint, Joubert n'est touché que du danger de l'Armée. Il semble retenir son ame prête à s'exhaler, pour guider encore nos troupes à la gloire, & crier aux Français : *Avancez , marchez toujours*. Telles ont été les dernieres & touchantes pàroles du héros que nous pleurons ; paroles, à mon avis, dignes d'être comparées à celles d'Epaminondas , après la bataille de Mantinée.

Ainsi donc est mort, à la fleur de son âge, ce *Baillard* de notre république naissante , ce guerrier *sans peur & sans reproche*.

Consolez-vous, digne compagne (1) du héros qui fait l'ob-

---

(1) Joubert venoit d'épouser, au moment où il partit pour l'Italie, la citoyenne Montholon. Elle est issue d'une maison illustrée dans la robe, dès le regne de Charles IX & de Henri

jet de nos regrets ; & s'il peut exister quelqu'adouciffe-
ment à votre douleur, est-il rien qui doive davantage en
tempérer l'amertume, que le deuil univerfel que la Patrie,
touchée d'une perte auffi fenfible (1), a prefcrit elle-même à
fes enfants ? Il n'eft pas un bon Français qui ne confidere la
mort de Joubert comme une calamité publique. Epoufe
d'un héros, qu'il eft confolant & glorieux de voir les larmes de tout un peuple fe confondre avec les vôtres ! Voyez
avec quelle reconnoiffance on s'empreffe par-tout de rece-
voir les reftes (2) du généreux guerrier, dont une mort ino-
pinée vient de priver la république !

L'héroïfme du courage, l'habileté dans les difpofitions
militaires, l'éclat des fuccès ont jufqu'ici, citoyens collegues, fixé votre attention ; mais il eft une autre par-
tie dans la vie des grands Hommes, qui n'eft pas moins
digne de l'attention de ceux qui favent apprécier les per-
fonnes & les chofes. Veuillez donc me fuivre un inftant
encore dans l'expofé fuccinct des qualités fociales & pri-
vées qui rendront ce jeune héros plus recommandable aux
yeux de la poftérité.

III. Deux des Montholon ont occupé la place de premier pré-
fident au Parlement de Rouen. L'un le fut en 1692, l'autre l'a
été depuis 1775 jufqu'en 1782.

(1) Le Confeil des Anciens approuva, dans la féance du 19
Fructidor, la réfolution relative à la pompe funebre décernée
en l'honneur de Joubert.

(2) Les honneurs que fes reftes reçurent à Toulon, furent
encore furpaffés par ceux qu'on leur rendit à Lyon. Ils devoient
être tranfportés & inhumés à *Grandpré*, terre appartenant au pere
de fa veuve, dans le Département des Ardennes, ci devant Cham-
pagne. La dépouille d'un feul homme auroit un jour rendu *Grand-*

Joubert joignoit à une rare modeftie, une grande fimplicité de mœurs. Ennemi du fafte, plus ennemi de l'intrigue, févere dans fes principes, irréprochable dans fes actions, il eût été plus digne, fous ce rapport, de l'ancienne Rome dans fes beaux jours, que de la France dans nos temps corrompus. Sincere & franc, il forçoit à l'eftimer, ceux mêmes qui dédaignoient les précieufes qualités dont il étoit orné. Tel fut en tout temps l'afcendant de la vertu.

Sobre & frugal, fon efprit étoit toujours difpofé au travail & à l'application. Rigide obfervateur de la difcipline, il ne fouffrit jamais que la fureur ruineufe du jeu s'introduifit dans fon camp. Joubert favoit que les amufements de l'homme oifif font indignes de guerriers placés en préfence de l'ennemi.

Les délaffements de Joubert étoient analogues au grand art dont il faifoit fes délices. Ces exercices habituels étoient ceux qui, par leur nature, font propres à fortifier le corps. S'il fe livroit à l'exercice du cheval, s'il faifoit quelques courfes, il retournoit auffi-tôt après au travail. L'expofé de tant de belles qualités fuffiroit feul à l'éloge de ce héros. Quelle perte irréparable pour la République ! Pourquoi faut-il qu'une mort prématurée

---

pré plus célebre chez nos neveux, que les vingt-huit fiefs qui en relevoient avant la révolution. Cette ville a pris fon nom des prés auprès defquels elle eft fituée. Je ferai cependant obferver que le directoire a pris dernierement un Arrêté, d'après lequel les reftes de Joubert feront tranfportés à Pont-de-Vaux, pour être remis à la famille de ce général ; d'où il me paroît naturel de conclurre que Grandpré ne les poffédera pas.

ait ainsi enlevé à la Patrie celui que Bonaparte avoit désigné comme le plus capable de le remplacer?

Estimable Joubert , après avoir donné des larmes sinceres à ta mort, j'ai encore été chargé d'un ministere triste & flatteur tout à la fois, celui de jetter quelques fleurs sur ta tombe , en attendant qu'une plume plus éloquente (1) célebre par la suite tes exploits & tes vertus. Quant à moi , je l'avoue , mon cœur est satisfait. J'ai acquitté ma dette envers toi ; un jour la Patrie reconnoissante acquittera sans doute les siennes , en t'érigeant un monument dans cette même attitude où tu adressas aux Français , d'une voix défaillante , ces belles & dernieres paroles : *Avancez ; marchez toujours.*

(1) Le général Meunier a été chargé de recueillir tous les matériaux propres à composer la vie de Joubert & celle de Dugommier. C'est à lui que ceux qui ont des renseignements sur ces deux généraux, doivent les adresser au bureau typographique de la Guerre, rue de l'Université.

LYCÉE LIBRE DE ROUEN.

Extrait du Registre des Délibérations du Lycée libre de Rouen.

Séance du premier Brumaire an VIII.

» Le citoyen Guilbert fait lecture d'une Notice historique sur » le citoyen JOUBERT, Général en chef de l'Armée d'Italie. Le » Lycée arrête que ce Discours sera soumis à l'examen d'une Com- » mission, & ensuite imprimé aux frais du Lycée, au nombre de » deux cents exemplaires, pour être distribué à chacun de ses » membres, aux Sociétés correspondantes, à l'Institut national & » aux Administrations civiles & militaires, &c. «

Signés, BIGNON, *Président;* & PÉRIAUX, *Secrétaire.*

Collationné conforme. PÉRIAUX, *Secrétaire.*